AF454599

DECLARATION

DE LA VOLONTE' DV
Roy, ſur le depart de la Royne ſa
tres-honoree Dame & mere, du
Chaſteau de Blois, & de ce qui s'eſt
enſuyui en conſequence d'iceluy.

Publiée en Parlement le vingtieſme
Iuin 1619.

A PARIS,

Par FED. MOREL, & P. METTAYER,
Imprimeurs ordinaires du Roy.

1619.

Auec Priuilege de ſa Majeſté.

OVIS par la grace de Dieu Roy de France & de Nauarre, A tous ceux qui ces preſentes lettres verront, Salut: Dés lors que nous fuſmes aduertis que la Royne noſtre tres-honoree Dame & mere, s'eſtoit retiree de noſtre Chaſteau de Blois, Nous nous en ſentiſmes d'autāt plus eſmeus, que nous ſçauions ne luy auoir donné aucun ſujet de ce faire, n'ayans iamais eu

A ij

autre intention que de l'ho-
norer, aimer & cherir, comme
nous y fommes obligez, tant
par le droit de nature que par
les fignalez tefmoignages que
elle nous a rendus de fon bon
naturel & affection à l'aduan-
tage de noftre Eftat; & n'euf-
mes point de contentement
en nous mefmes, que nous ne
fuffions efclarcis des raifons
qui l'auoient peu mouuoir
d'eftre fortie en la façõ qu'elle
fit de ladite ville, & que nous
ne luy euffions fait cognoiftre
ce qui eft de nos bonnes & fin-
ceres intentions, & de noftre

cordiale affection en son endroit. Pour cet effect, nous
depeschasmes vers elle le sieur
de Bethune Conseiller en nostre Conseil d'Estat, Capitaine
de cent hommes d'armes de
nos ordonnances, apres lequel
nous enuoyasmes encores nostre tres-cher cousin le Car-
dinal de la Rochefoucault:
Par lesquels, & par les lettres
que nous receusmes d'elle,
nous aprismes qu'elle s'estoit
resoluë à ceste sortie, pour les
ombrages & desfiances que
lon luy auoit donnees, & que
neantmoins elle ne s'estoit ia-

mais departie du respect, honneur & affection enuers nous,
à quoy elle recognoissoit estre
obligee, dõt elle nous suplioit
de prendre asseurance,& d'in-
terposer ce qui est de nostre
autorité pour faire cesser tous
les mouuemens & alterations
que son esloignemét pouuoit
aporter au bien & au repos de
ce Royaume, nous tesmoi-
gnant auoir tres-agreable les
asseurances que nous luy fai-
sions donner de nostre bien-
vueillance, & de la volonté
que nous auions, qu'elle peust
demeurer, aller, venir & se

iourner en toute liberté &
ſeureté en telles de nos Mai-
ſons ou des ſiennes, & en telles
villes & lieux de ce Royaume
que bon luy ſemblera, ſans
nulle exception, meſmes au-
pres de noſtre perſonne : dont
elle nous faiſoit cognoiſtre, re-
ceuoir tout contentement, &
y auoir toute confiance. Ce
qu'ayant receu en tres-bonne
part, & n'ayant rien tant à
cœur que de paruenir à l'af-
fermiſſement d'vne entiere &
cordiale amitié, & affection
entre nous, & à reſtablir vne
bonne paix & vn aſſeuré re-

pos en noſtre Royaume :

Pour ces cauſes, apres auoir
mis cet affaire en deliberation
auec les Princes, Ducs, Pairs,
Officiers de noſtre Couronne,
& principaux de noſtre Con-
ſeil : De l'aduis d'iceux, & de
noſtre certaine ſcience, pleine
puiſſance & autorité Royale,
Auons dit & declaré, diſons
& declarons par ces preſentes,
voulons & nous plaiſt, que
toutes leuees arremés de gens
de guerre qui ſe ſont faites depuis le partement de noſtredite Dame & mere dudit lieu de
Blois, & à l'occaſion d'iceluy,
ceſſent,

cessent, & que toutes les trou-
pes tant de cheüal que de pied,
nouuellement mises sur pieds,
soit en vertu de nos Commis-
sions ou autrement, soient in-
continent licentiees, conge-
diees & separees : que toutes
choses soiét remises, tant dans
les villes qu'en la campagne
au mesme estat qu'elles estoiét
auparauant. Et par ce que
nous sommes bien informez
que ceux qui sur le sujet du
partemét de la Royne nostredite Dame & mere, & depuis
iceluy l'ont suiuie & assistée,&
ont pris adresse vers elle sur ces

occurréces, l'ont fait estimant
que pour la qualité qu'elle a
d'estre nostre mere, nous l'au-
rions bien agreable, & sans
auoir eu aucune intention de
nous desseruir : Nous auons
bien volontiers sur la priere
& instance qui nous en a esté
faite de sa part, accordé & or-
donné que de tout ce qui a
esté par eux de quelque qualité & condition qu'ils soient,
faict par l'ordre, commande-
ment & adueu de nostredite
Dame & mere , en quelque
sorte qu'il se soit passé auant &
depuis ledit partement , & à

ll'occaſion d'iceluy, encores
que ce fuſt contre nos Edicts
& Ordonnances, ny ores n'y
à l'aduenir il ne leur en puiſſe
eſtre imputé aucune choſe, ny
qu'ils en puiſſent eſtre inquie-
tez ny recherchez : ſur quoy
nous impoſons ſilence à nos
Procureurs Generaux & à
tous autres, ains voulõs qu'ils
ſoient reſtablis, maintenus &
conſeruez en leurs Gouuer-
nemens, charges, dignitez, of-
fices & benefices qu'ils poſſe-
dent, auec le meſme honneur,
autorité & liberté qu'ils faiſoient auparauant le parte-

ment de noſtredite Dame &
mere de ladite ville de Blois :
& meſmes que ceux qui au-
roient eſté eſloignez auant &
depuis ledit partement de la
Royne noſtredite Dame &
mere, pour ce ſujet puiſſent
ioüir des meſmes libertez &
franchiſes par tout noſtre
Royaume, qu'ils auoient auparauant. Voulons & enten-
dons au ſurplus, que tous nos
ſujets viuent enſemble en amitié, paix, vnion & concorde,
& ainſi qu'ils faiſoient auparauant l'eſloignement de noſtredite Dame & mere.

Si donnons en mandemēt à
nos amez & feaux Conseillers,
les gens tenás nos Cours de Parlement, Baillifs, Seneschaux,
Iuges ou leurs Lieutenans,
& tous autres nos Iusticiers &
Officiers qu'il apartiendra cha-
cun endroit soy, que ces pre-
sentes ils façent lire, publier &
enregistrer par tous les lieux &
endroits de leur ressort, icelles
garder, entretenir & obseruer
selon leur forme & teneur, &
du cótenu faire ioüir tous ceux
qu'il apartiendra : cessans &
faisant cesser tous troubles &
empeschemens au contraire:
Car tel est nostre plaisir.   En

tefmoin dequoy, Nous auons faiɛt mettre noftre feel à cefdites prefentes. Donné à S. Germain en Laye, le deuxiefme iour de May l'an de grace, mil fix cens dix-neuf. Et de noftre regne le neufiefme.

Signé,   LOVIS.

Et fur le reply, Par le Roy, eftant en fon Confeil,

PHILIPPEAVX.

Et feellé fur double queüe du grand feau de cire iaune.

Et fur ledit reply, eft encores efcrit,

Leuës, publiees & regiſtrees, ouy, & ce
requerant le Procureur general du Roy, &
ordonne que copies collationnees ſeront enuoyes
aux Bailliages, Seneſchauſſees & autres
Sieges de ce reſſort, pour y eſtre leuës, publiees,
regiſtrees & executees à la diligence des Sub-
ſtituts du Procureur general du Roy: auſquels
enioinct certifier la Cour auoir ce faict au
mois. A Paris en Parlement le vingtieſme
Iuin, l'an mil ſix cens dix-neuf.

Signé, VOYSIN.